VOEU

D'UN FRANÇAIS

POUR

PARVENIR A PAYER LA DETTE ARRIÉRÉE DE L'ÉTAT,

SANS AUGMENTATION D'IMPOTS.

VOEU

D'UN FRANÇAIS

POUR

PARVENIR A PAYER LA DETTE ARRIÉRÉE DE L'ÉTAT,

SANS AUGMENTATION D'IMPOTS.

Par M. Zacharie GALLAND, de Poitiers.

A PARIS,

Chez Laurent BEAUPRÉ, Libraire, Palais-Royal,
galeries de bois, n° 218.

IMPRIMERIE DE CHAIGNIEAU AÎNÉ.

1814.

VŒU

D'UN FRANÇAIS

POUR

PARVENIR A PAYER LA DETTE ARRIÉRÉE DE L'ÉTAT,

SANS AUGMENTATION D'IMPOTS.

LA FRANCE, lorsque la Providence a bien voulu la remettre entre les mains de son légitime souverain, était accablée sous le poids de sa grandeur colossale ; elle était grévée d'une énorme masse de dettes ; toutes ces dettes sont sacrées, toutes elles sont exigibles, toutes elles doivent être payées.

Sera-ce par une augmentation d'impôts, sur les impôts actuels ? sera-ce même par le maintien des impôts actuels ? Non : d'une part l'impôt actuel serait insuffisant, parce qu'il existe une effrayante disproportion entre les besoins et les moyens ; et d'autre part, une augmentation d'impôts est impraticable : on sait trop qu'au-delà de certaines limites immuablement posées par la nature des choses, il est un point où les sources de l'impôt se trouvent desséchées et sans produit.

Laissera-t-on subsister la dette actuelle en la constituant en rentes ? Non : la FRANCE resterait long-temps obérée, mal à l'aise ; il faudrait d'ailleurs la charger de 60 à 70 millions d'impôt de plus par an, pour payer la rente de cette nouvelle masse de contrats, et il est raisonnable de douter que, dans l'etat présent des choses, la FRANCE puisse supporter une pareille augmentation d'impôts.

Sera-çe par un emprunt qu'on parviendrait à réunir la somme énorme de 1,438,500,000 fr., à laquelle s'élève la dette qu'il s'agit de payer ? Non : il ne faut pas s'abuser en matière aussi importante et aussi délicate ; l'emprunt ne s'effectuerait pas ; et quand même il s'effectuerait, il faudrait toujours augmenter l'impôt actuel de la masse annuelle des fonds nécessaires, pour faire face aux intérêts et aux charges de l'emprunt, c'est-à-dire de 60 à 70 millions.

Il faut cependant payer ; il le faut : la justice, l'humanité, la charte constitutionnelle le veulent impérieusement ; disons plus et

disons-le, parce que c'est une grande et importante vérité ; il le faut, ne fût-ce que pour
parvenir à détruire tous ces germes de mé-
contentement et d'inquiétude que le génie de
la discorde ne sait que trop bien féconder et
développer.

FRANÇAIS ! rappelons - nous que naguères,
avant le retour de nos BOURBONS, pas un seul
d'entre nous ne pouvait raisonnablement se dire :
« Dans quinze jours, mes enfans ne seront pas
« immolés ; dans quinze jours, je ne serai pas
« forcé de sacrifier la moitié de ma fortune pour
« préserver mon fils de la dévorante conscrip-
« tion ; dans quinze jours, mes propriétés ne
« seront pas incendiées, ravagées ou boulever-
« sées ; dans quinze jours, je ne serai pas moi-
« même massacré, soit par le Russe, l'Autri-
« chien ou le Prussien ; soit par celui qui, pour
« me forcer à me présenter en face au feu de
« l'ennemi, me fera fusiller par - derrière. »
Rappelons-nous enfin que pas un seul d'entre
nous ne pouvait raisonnablement espérer le
salut de cette patrie, toujours si chère à nos
pères, et que nous chéririons encore avec la
même passion, avec le même dévouement,

si l'excès de nos malheurs personnels ne nous eût pas rendu insensibles au malheur général.

Mais les temps sont changés, grâce au ciel qui semblait, depuis vingt-cinq ans, nous avoir abandonnés à tous les écarts de la déraison ; grâce au ciel qui, fléchi sans doute par les prières de l'auguste orpheline, a bien voulu nous pardonner, comme elle nous a pardonnés elle-même. Des prodiges multipliés nous avertissent que le courroux céleste est désarmé ; il nous rend ce Monarque légitime que nous avions si long-temps desiré, sans oser l'espérer ; et en nous le rendant, ne nous impose-t-il pas l'obligation de seconder de tous nos efforts ses intentions bienfaisantes et paternelles ?

Attendrons-nous que l'autorité royale exige de nous les sacrifices que les circonstances ont rendu indispensables, et qui, dans cette supposition, en deviendraient beaucoup plus onéreux et beaucoup moins méritoires pour nous ? ou nous empresserons-nous de nous réunir pour lui offrir les moyens nécessaires qui, dans cette dernière hypothèse, ne seraient plus qu'une charge honorable et légère en comparaison de celles que nous éviterions ?

Songeons que nous sommes FRANÇAIS, et nous ne balancerons pas ; nous dirons unanimement à notre ROI : « Nous sommes plusieurs « millions de contribuables ; nous pouvons « offrir à VOTRE MAJESTÉ chacun une somme « modique pendant un certain nombre d'an- « nées, et la réunion de ces sommes, formées « en partie de valeurs effectives et en partie « d'engagemens valides, suffira pour solder « cette dette énorme dont nous avons nous- « mêmes chargé VOTRE MAJESTÉ, en la rap- « pelant sur le trône de ses pères. »

J'en appelle donc à tous les FRANÇAIS, au nom de la patrie, de l'honneur et de leur légitime souverain ; cet appel fut toujours écouté, il doit l'être encore, puisque jusques dans ses écarts, la FRANCE a manifesté un dévouement sans borne, chaque fois que la voix de son chef s'est fait entendre.

Je propose que tout FRANÇAIS, par un don volontaire, proportionné à ses facultés, trop modique pour le gêner essentiellement, mais suffisant pour que la masse de ces dons s'élève à la somme nécessaire , contribue , tant en argent qu'en engagemens , à former extraordinairement une somme de 1,438,500,000 fr., qui serait affectée à solder toutes les dettes que le Roi n'a pu et dû garantir que parce qu'elles sont celles de tous les Français , plutôt que les siennes.

Je n'ai point à beaucoup près les notions et renseignemens précis qui seraient nécessaires pour établir des calculs rigoureusement justes , je dois même prévenir que je n'ai ni l'habitude ni le goût des dissertations politiques ou financières ; le cœur m'a inspiré une idée que je crois heureuse ; je me sens animé pour mon Roi et pour mon pays d'un sentiment qui , à mon avis , s'il était universel , ferait en peu de temps le bonheur du souverain et celui de tous les Français , et j'ai cru que je ne devais pas hésiter à manifester cette idée , que d'autres plus instruits que moi pourront rectifier et ajuster sur les données positives que je n'ai point.

Je suppose 1,950,000 Français en état de contribuer au don volontaire à offrir au Roi (et certainement c'est supposer peu),

et je les divise en six classes qui s'engage-
raient à payer pendant six ans et par chaque
année;

SAVOIR:

La 1ʳᵉ cl. de 200,000 hab., à chac. 360 f. p. an   72,000,000 f.

2ᵉ	250,000	217	54,250,000
3ᵉ	300,000	130	39,000,000
4ᵉ	350,000	100	35,000,000
5ᵉ	400,000	65	26,000,000
6ᵉ	450,000	30	13,500,000

————

1,950,000   239,750,000 f.

————

Cette somme, multipliée par 6 années,
donnerait un capital de . . . . 1,438,500,000 f.

Mais comme vraisemblablement il se trou-
vera dans les classes les moins aisées de la nation, autant de dévouement et de patriotisme
que dans les plus riches, comme vraisemblablement le plus pauvre comme le plus riche
voudra aussi faire son présent au Roi, en
proportion de ses facultés, je supposerai

trois millions de donataires divisés en huit classes comme il suit :

S A V O I R :

La 1re cl. de 200,000 hab., à chac. 330 f. p. an 66,000,000 f.

2^e	250,000	210	52,500,000
3^e	300,000	130	39,000,000
4^e	350,000	100	35,000,000
5^e	400,000	65	26,000,000
6^e	450,000	30	13,500,000
7^e	500,000	10	5,000,000
8^e	550,000	5	2,750,000

     3,000,000   239,750,000 f.

Ce qui donnerait par an . . . . . . 239,750,000 f.

Cette somme, multipliée par 6 années, donnerait un capital de . . . . 1,438,500,000 f.
Somme pareille à la première division.

Chaque contribuable donataire paierait la première année en espèces et les cinq autres années en cinq billets payables : le premier, dans le premier trimestre de 1815 ; le second, dans le premier trimestre de 1816 ; le troisième, dans le premier trimestre de 1817 ; le quatrième, dans le premier trimestre de 1818, et le cinquième et dernier, dans le premier trimestre de 1819.

Tous ces billets seraient déposés entre les mains des receveurs généraux de chaque département, qui, au 1er janvier de chaque année, les remettraient aux receveurs des impositions ; ces derniers les joindraient au bulletin des contributions pour en faire le recouvrement comme imposition, et, dans le courant des trois premiers mois de chaque année, ils en verseraient le montant dans les caisses des receveurs généraux.

La masse du don s'élèverait par conséquent à 239,750,000 fr. espèces, et 1,198,750,000 fr. en billets à recouvrer.

Mais comme on peut présumer qu'au moins moitié des contribuables et donataires préférerait réaliser de suite une partie ou le tout de leur contingent, et il est probable qu'il ne se trouverait pas plus de 719,250,000 francs d'effets à recouvrer dans les cinq dernières années, et ces 719,250,000 francs seraient nécessairement pris à l'escompte par des associations de capitalistes qui, moyennant un intérêt convenable en réaliseraient la valeur. On peut présumer que cet intérêt coûterait 129,465,000 francs pour les cinq années; mais ce sacrifice, tout considérable qu'il paraisse, l'est beaucoup moins que ne le seraient, en résultats de toute espèce, les sacrifices directs ou indirects que nécessiterait tout autre moyen de solder promptement la dette qu'il s'agit de payer.

Les billets seraient souscrits dans la forme ordinaire, mais sur papier particulier, par tous les donataires qui sauraient écrire, et par le ministère des notaires pour ceux qui ne sauraient pas signer, le tout sans frais. Ils seraient souscrits à l'ordre des receveurs généraux, valeur en don volontaire, et les receveurs généraux les passeraient à l'ordre des bailleurs de fonds.

Si, dans l'espace des cinq années, quelques donataires devenaient insolvables, leurs billets non acquittés seraient remboursés par le gouvernement.

Les receveurs généraux, dans les derniers jours du premier trimestre de chaque année, feraient rendre, sans frais, le montant des effets échus et acquittés dans la caisse des capitalistes.

Dans chaque commune du royaume il serait ouvert un registre dont chaque feuille serait divisée en huit colonnes; chaque colonne porterait en tête le montant du don pour chaque classe ; chaque donataire, par sa signature, se placerait dans la classe à laquelle il voudrait appartenir, et ceux qui ne sauraient pas signer y seraient dénommés par le maire ; cette inscription au registre aurait, dès ce moment, force d'engagemens. Le registre porterait pour titre : registre des dons volontaires faits par la commune de..... pour mettre le Roi en état d'acquitter de suite toutes les dettes contractées par le dernier gouvernement, et par conséquent de réduire les impositions à l'absolu nécessaire pour le service courant.

Ce registre resterait ouvert dans chaque commune pendant quinze jours , serait clos le seizième , certifié par le maire dans les cinq jours suivans , et serait adressé au préfet; dans les dix jours suivans le préfet l'adresserait au ministre qui serait chargé par le Roi d'en faire le recensement général , afin de s'assurer que le résultat suffirait pour remplir le but qu'on se propose. Ce recensement général serait imprimé pour faire connaître au public et à nos derniers neveux les noms de tous les FRANÇAIS qui, dans cette dernière crise, se seraient réunis de cœur et d'effort pour sauver la patrie; il deviendrait pour lors un monument glorieux pour la nation et pour ceux qui y seraient inscrits.

On pourrait observer qu'il sera très-difficile, peut-être même impossible de prélever en numéraire tout à la fois les impositions actuelles et la masse d'un don de 1,438,500,000 f., sans entraver les opérations commerciales ; pour remédier à cet inconvénient, s'il existe réellement, ce dont il est permis de douter, si l'on fait attention qu'en fait de circulation la célérité supplée à la quantité , je proposerais le moyen que voici : ce serait d'accepter des capitalistes au lieu d'espèces , des billets souscrits par eux au profit du trésor et divisés en quatre époques de paiement, dont la première à trois mois, la seconde à six mois, la troisième à neuf mois, et la quatrième à 12 mois de date. Ces billets porteraient intérêts à 4 pour 100 en faveur des porteurs. Le plus simple calcul démontrerait que, par ce moyen, les bailleurs de fonds n'auraient à verser dans les caisses du Gouvernement que 147,446,250 f. par trimestre, pendant un an, ce qui faciliterait et améliorerait leur opération.

Comme on peut craindre de ne pas trouver des capitalistes en assez grande quantité et assez puissans pour fournir une pareille somme, il me semble qu'on pourrait y suppléer par le moyen dont je vais donner l'idée.

Aussitôt que ces billets seraient souscrits par les donataires, leur validité se trouvant assurée, comme je l'ai expliqué, ils deviendraient des valeurs certaines; on diviserait ces 719,250,000f. en cinq portions égales ; chacune serait de 143,850,000 fr. : la première payable dans le premier trimestre de 1815, la seconde dans le premier trimestre de 1816, la troisième dans le premier trimestre de 1817, la quatrième dans le premier trimestre de 1818, la cinquième et dernière dans le 1er trimestre de 1819. Et puisque le recouvrement s'en ferait comme celui des impositions, leur rentrée ne peut pas être douteuse. Ainsi, le Gouvernement, aussitôt qu'il aurait en portefeuille tous les effets des donataires, n'aurait qu'à créer,

1°. 143,850,000 fr. de bons royaux qui représenteraient le premier cinquième et qui seraient remboursables du 10 au 20 avril 1815 au trésor, ou à la caisse particulière qui serait désignée;

2°. 143,850,000 fr. de bons royaux qui représenteraient le second cinquième et qui seraient remboursables du 10 au 20 avril 1816;

3°. 143,850,000 fr. de bons royaux qui représenteraient le troisième cinquième et qui seraient remboursables du 10 au 20 avril 1817;

4°. 143,850,000 fr. de bons royaux qui représenteraient le quatrième cinquième et qui seraient remboursables du 10 au 20 avril 1818;

5°. 143,850,000 fr. de bons royaux qui représenteraient le dernier cinquième et qui seraient remboursables du 10 au 20 avril 1819.

Il est évident que ce remboursement s'opérerait avec les deniers provenant du recouvrement des 143,850,000 fr. d'effets de donataires, effectué dans les trois mois précédens. Tous ces bons royaux porteraient un intérêt proportionné à l'éloignement de leur échéance, et à

cet effet ils porteraient des coupons d'intérêts qui seraient payables à vue, de six mois
en six mois, par tous les receveurs généraux
des départemens.

Les bons représentatifs des premiers
143,850,000 fr. auraient par conséquent six
mois et demi à courir, en supposant, comme
on le présume, qu'il faudrait jusqu'au 30 oc-
tobre prochain, pour exécuter toutes les opérations préparatoires relatives au don dont il
s'agit : les bons de cette première époque porteraient intérêt à 5 pour cent, ce qui ferait
pour les 143,850,000 fr..   3,895,937 f. 50 c.

Les bons de la seconde
époque, c'est-à-dire les
143,850,000 fr. de bons
qui seront acquittables à
présentation du 10 au 20
avril 1816, auraient dix-
huit mois et demi d'é-
chéance, et en cette considération porteraient un
intérêt de 6 pour 100,
ce qui ferait pour les
143,850,000 fr......... 13,306,125

Les bons de la troisième époque, c'est-à-dire les 143,850,000 fr. qui seront acquittés à présentation du 10 au 20 avril 1817, auraient 30 mois et demi de date, et en cette considération porteraient un intérêt de 7 pour 100, ce qui ferait pour les 143,850,000 fr...... 25,593,312 f. 50 c.

Les bons de la quatrième époque, c'est-à-dire les 143,850,000 fr. qui seraient acquittés du 10 au 20 avril 1818, auraient 42 mois et demi de date, et en cette considération porteraient un intérêt de 7 et demi pour 100, ce qui ferait pour les 143,850,000 fr........ 38,210,156 25

Les bons de la cinquième et dernière époque, c'est-à-dire les

143,850,000 fr. qui se-
raient acquittés du 10 au
20 avril 1819, auraient
54 mois et demi de date,
et en cette considération
porteraient un intérêt de
8 pour 100, ce qui ferait
pour les 143,850,000 fr.   52,265,500 f.

TOTAL des intérêts qui
résulteraient de la créa-
tion de bons royaux....   133,271,031 f. 25 c.
Frais extraordinaires de
perception et non-valeurs   50,000,000

TOTAL compris les in-
térêts de ce qu'il en coûterait pour réaliser de
suite dans les mains du
Gouvernement la totalité
du don de 1,458,500,000,
quoiqu'il ne dût être
soldé, par les donataires,
que dans l'espace de cinq
ans, ci..............   183,271,031 f. 25 c.

En sorte que le pro-
duit net, à la disposition
du Gouvernement, serait
de...................... 1,255,228,968 f. 75 c.

Ces bons royaux seraient pris pour comptant
par tous les créanciers de l'Etat, et aucun n'aurait à s'en plaindre ni à s'en inquiéter, puis-
qu'ils seraient représentatifs des engagemens
consentis par la totalité des FRANÇAIS et déposés au trésor public pour acquitter ces bons.

Mais, diront peut-être quelques personnes,
ne pourra-t-on pas multiplier inconsidérément
et abusivement ces bons royaux ? ne pourra-
t-on pas les reproduire, après qu'ils auront été
acquittés ? enfin, ne pourra-t-on pas en faire
ce qu'on a fait de nos assignats de triste et mal-
heureuse mémoire ?

Que n'aurait-on pas à répondre à cette objec-
tion bannale ? J'observerai seulement qu'on ne
peut raisonnablement comparer les circonstances actuelles aux circonstances d'alors : qu'on
ne peut sur-tout comparer le gouvernement
d'un Roi père de ses sujets, qui veut, qui doit
l'être, au gouvernement éphémère qui créa les

assignats plutôt pour se soutenir lui-même quelques instans de plus, que pour assurer à l'Etat une prospérité durable : cette seule réflexion doit suffire pour éloigner toute crainte d'une multiplication illégale ou inconsidérée.

Quant à la crainte de leur reproduction, après qu'ils auraient été acquittés, elle serait encore plus déraisonnable, puisque rien ne sera si facile que de les brûler chaque année et aussitôt leur rentrée, avec toute la solennité nécessaire pour ne laisser aucun doute au plus soupçonneux.

FRANÇAIS ! rappelez-vous et calculez ce que, pour remplacer vos enfans, vous avez payé aux remplaçans, aux chefs-lieux de canton, aux sous-préfectures, aux préfectures, aux officiers de santé, ce que peut-être vous ont arraché beaucoup d'autres personnes qui faisaient métier de vous adoucir ou de vous faciliter ces sacrifices. Rappelez-vous et calculez ces réquisitions de toute espèce qui vous ont été faites, et dont une partie ne vous sera jamais acquittée, parce qu'elle ne pourra jamais être liquidée. Rappelez-vous combien vous avez été forcé de nourrir de soldats et de chevaux de toutes nations : enfin, ce qui vous convaincra mieux encore, calculez en aperçu seulement ce qu'il vous en coûterait individuellement pendant les six années prochaines ; si, au lieu de l'effort unanime et spontané que je vous propose, vous attendiez que la loi vous forçât au sacrifice devenu indispensablement nécessaire pour acquitter les 1,438,500,000 fr. dont vous chargez vous-même votre souverain.

Sera-ce donc pour lui laisser cette charge, sans lui donner les moyens de s'en délivrer honorablement, que vos vœux l'auraient rappelé pendant si long-temps ? et seriez-vous assez peu prévoyans pour ne pas reconnaître que, pour obtenir la diminution successive des impôts, il faut que, préalablement, le Roi n'ait plus d'autres besoins que ceux du service courant que les circonstances exigeront ; que, d'ailleurs, ce que vous coûterait le don proposé, vous rentrerait tant en diminution d'impôts qu'en augmentation de produits résultantes de la prospérité et de la sécurité générale, avant même que vous eussiez soldé votre part de ce don.

FIN.